Het oneindige potentieel van vrouwen

Een toespraak door
Sri Mata Amritanandamayi

Gegeven op de Conferentie van het
Wereldvredesinitiatief van Vrouwen in 2008
"Plaats maken voor het vrouwelijke voor het
welzijn van de wereldgemeenschap"

Jaipur, Rajasthan, India – 7 maart 2008

Mata Amritanandamayi Center, San Ramon
Californië, Verenigde Staten

Het oneindige potentieel van vrouwen

Uitgegeven door:
Mata Amritanandamayi Center
P.O. Box 613
San Ramon, CA 94583
Verenigde Staten

────── *The Infinite potential of Women (Dutch)* ──────

Copyright © door 2008 Mata Amritanandamayi Mission Trust, Amritapuri, Kerala 690546, India
Alle rechten voorbehouden. Niets uit deze uitgave mag worden opgeslagen in een geautomatiseerd gegevensbestand, verveelvoudigd, of openbaar gemaakt, in enige vorm of op enige wijze, hetzij elektronisch, mechanisch, door fotokopieën, opnamen, of op enige andere manier, zonder voorafgaande schriftelijke toestemming van de uitgever.

Eerste uitgave van het MA Center: mei 2016

In Nederland:
www.amma.nl
info@amma.nl

In België:
www.vriendenvanamma.be

In India:
www.amritapuri.org
inform@amritapuri.org

Amma en Dena Merriam, secretaris van het Mondiale Vredesinitiatief van Vrouwen, tijdens het openingsgebed van de conferentie.

De conferentie bracht enkele honderden mensen bijeen om te bespreken hoe vrouwelijk leiderschap religie, politiek, economie en de samenleving in het algemeen kan transformeren. Het was een eclectische bijenkomst, die religieuze en spirituele leiders, beleidsmakers, academici, onderwijzers, gezondheidsdeskundigen en mensenrechtenactivisten aantrok.

Inleiding

De Conferentie van het Mondiale Vredesinitiatief van Vrouwen in 2008, getiteld: "Plaats maken voor het Vrouwelijke voor het Welzijn van de Wereldgemeenschap" bracht enkele honderden mensen bijeen om te bespreken hoe vrouwelijk leiderschap religie, politiek, economie en de samenleving in het algemeen kan transformeren. Het was een eclectische bijeenkomst, die religieuze en spirituele leiders, beleidsmakers, academici, onderwijzers, gezondheidsdeskundigen, mensenrechtenactivisten en enkele tientallen jonge mensen uit landen met conflicten aantrok.

De conferentie vond plaats in het Clarks Amer Hotel in Jaipur, de hoofdstad van Rajasthan in Noord-India, van 6 tot 10 maart 2008. De conferentie was tegelijk met Amma's jaarlijks darshanprogramma in de 'Roze Stad'. Op 7 maart gaf Amma een oprechte en bezielde toespraak getiteld "Het oneindige Potentieel van Vrouwen," die de onderdrukking van vrouwen in de verschillende delen van de samenleving behandelde.

Het oneindige potentieel van vrouwen

In veel opzichten was de toespraak een aanvulling op de historische rede "Het ontwaken van Universeel Moederschap." Deze rede gaf Amma tijdens de eerste conferentie van het Mondiale Vredesinitiatief van Vrouwen op het hoofdkantoor van de Verenigde Naties in Genève in 2002.

In 2002 prees Amma de geweldige kracht van vrouwelijke energie enorm en zei dat het voor het welzijn van de wereld noodzakelijk is dat vrouwen zich bij mannen in de voorste gelederen van de samenleving voegen. In dit verband vroeg Amma vrouwen in zichzelf te geloven en vroeg ze mannen niet alleen op te houden de promotie van vrouwen te verhinderen maar daaraan mee te werken. Wat Amma's visie uniek maakte was dat ze erop aandrong dat vrouwen niet als imitatiemannen moeten opklimmen, maar dat ze hun aangeboren moederschap volledig dienen te omhelzen en te koesteren. Amma zei dat de kracht van een vrouw haar moederlijke liefde, mededogen, geduld en onbaatzuchtigheid was, en dat ze deze eigenschappen, koste wat kost, nooit mocht opgeven. Als vrouwen hun vrouwelijke eigenschappen verwerpen, zou dat

Inleiding

---

de onevenwichtigheid die we nu in de wereld ervaren, alleen maar vergroten. Amma zei: "De komende tijd moet gewijd worden aan het opnieuw wakker maken van de helende kracht van het moederschap. Dit is de enige manier om onze droom van vrede en harmonie voor iedereen te realiseren."

In haar toespraak in 2008 in Jaipur betreurde Amma voortdurend de verslechtering van de liefde en het wederzijds respect tussen mannen en vrouwen en drong ze aan op het herstel hiervan met het oog op de wereldvrede en harmonie. "Vrouwen en mannen moeten de handen ineenslaan om onze samenleving en de komende generaties van een enorme ramp te bevrijden," zei Amma. "De huidige situatie lijkt op twee zwaar beladen voertuigen die uit tegenovergestelde richting op elkaar afstormen en niet bereid zijn uit te wijken om de ander door te laten."

Verder: "Wil de toekomst een prachtige, geurige en volledig open bloem zijn, dan moeten vrouwen en mannen op alle gebieden samenwerken. Zij die vrede en tevredenheid in de wereldgemeenschap wensen, moeten hierop acht slaan, nu meteen, op dit moment. Voor een veelbelovende toekomst moet de geest en het intellect van vrouwen en mannen één worden. We kunnen niet langer wachten. Hoe meer we uitstellen, des te erger zal de stand van zaken in de wereld worden."

Amma haalde ook specifieke situaties aan en belichtte zeer gedetailleerd de verschillende manieren waarop vrouwen worden onderdrukt en uitgebuit. Ze besprak met name problemen als prostitutie, verkrachting, internetpornografie, bruidsschatten, echtscheiding en het doden van jonge meisjes.

Amma herhaalde ook ideeën die ze in haar toespraak van 2002 naar voren had gebracht en bleef benadrukken hoe belangrijk het is dat vrouwen hun leven baseren op de eigenschappen die met moederschap geassocieerd zijn en niet uiterlijke, maar innerlijke gelijkheid zoeken. "Alles heeft zijn eigen essentiële aard," zei Amma. "Licht is de aard van de zon, golven de aard van de zee en koelte de aard van de wind. Wat een hert vreedzaam maakt en een leeuw wreed is zijn eigen oorspronkelijke aard. Op dezelfde manier hebben vrouwen en mannen hun eigen

Inleiding

unieke aard die hen van elkaar onderscheidt. Deze mag nooit vergeten of opgegeven worden."

Amma besloot haar toespraak door de vrouwen direct toe te spreken: "Vrouwen hebben reeds alles wat ze nodig hebben om in de samenleving te stralen. Ze is volmaakt. Ze is in alle opzichten volledig. Als mannen proberen

Tijdens de conferentie ontmoette Amma een groep van ongeveer dertig 'jonge leiders' uit landen over de hele wereld, waaronder veel landen die in een of ander conflict betrokken zijn. Hieronder waren Afghanistan, Irak, Iran, Pakistan, India, Sri Lanka, Tibet, Nepal, Cambodja, Laos, Taiwan, Zuid-Afrika, Nigeria, India, Mexico, Israël en Palestina.

vrouwen te kleineren, mogen vrouwen niet instorten. Ze moeten nooit geloven dat ze minder waard zijn dan mannen. Het zijn vrouwen die het leven aan iedere man op aarde geschonken hebben. Wees trots op deze unieke zegen en ga verder met vertrouwen in je inherente kracht. Je moet jezelf nooit als een zwak lammetje beschouwen, maar altijd als een leeuwin."

Toen Amma klaar was, werd haar gevraagd een groep van ongeveer dertig 'jonge leiders' uit landen over de hele wereld te ontmoeten, waaronder veel landen die in een of ander conflict betrokken zijn. Hieronder waren Afghanistan, Irak, Iran, Pakistan, India, Sri Lanka, Tibet, Nepal, Cambodja, Laos, Taiwan, Zuid-Afrika, Nigeria, India, Mexico, Israël en Palestina.

Op dat moment benaderde de voorzitter van het Initiatief, de eerwaarde Dr. Joan Brown Campbell, voormalig directeur van het Amerikaanse kantoor van de Wereldraad van Kerken, Amma met een verzoek: "Amma, we hebben de droom dat een van de resultaten van deze bijeenkomst zal zijn het oprichten van een raad van vrouwelijke spirituele leiders uit de hele wereld. Onze hoop is dat, als we zo'n raad

Inleiding

vormen, mensen naar ons toe kunnen komen die op zoek zijn naar een woord van vrouwen, een woord van wijsheid. En u zou zeker de persoon kunnen zijn die ons die wijsheid het beste kunt geven. Zou u bereid zijn, Amma, een leidende rol in deze raad te spelen? Als u bereid zou zijn met ons mee te doen, zouden we vereerd zijn." Met de uiterste nederigheid stemde Amma in en zei dat ze zeker zou doen wat ze kon.

De eerwaarde Brown en Dena Merriam, oprichter en secretaris van het Initiatief, stelden toen de verschillende jonge mensen aan Amma voor. Amma keek ieder van hen diep aan en prees hun vroeg ontwikkelde spirituele geneigdheid en verlangen zich te wijden aan het bevorderen van de vrede. "Op een erg jonge leeftijd zijn deze jonge mensen ontwaakt en hebben spiritueel bewustzijn ontwikkeld. Zoiets is op zich verbazingwekkend en prijzenswaardig," zei Amma.

Amma stelde toen voor dat het Initiatief de jongeren een rol liet spelen in de nieuwe te vormen raad. "Als zij de teugels in handen houden, zal het alle landen helpen," zei Amma.

"Als zij bij elkaar komen, zullen ze een prachtige regenboog worden."

Amma benadrukte dat daden belangrijker zijn dan woorden en prees de deugden van de jeugd. "De jeugd heeft de energie om de mouwen op te stropen en rond te rennen en dingen te doen," zei Amma glimlachend. "Je moet ze alleen leiding geven en je ervaringen met hen delen en ze kunnen het leiderschap op zich nemen. We moeten hen ook emotioneel en intellectueel steunen en hun op de juiste tijd de nodige instructies geven. Vooral in conflictgebieden kijken mensen echt uit naar leiding. We hebben niet alleen fysieke bijeenkomsten nodig, maar vooral ontmoetingen van hart tot hart. We moeten iets *doen*. Dat is wat we nodig hebben."

Amma adviseerde toen de jongeren en de conferentieleiders eraan te denken dat alleen menselijke inspanning niet voldoende is, dat zonder goddelijke genade geen enkel plan tot verwezenlijking komt. "Wees nederig," zei Amma. "Blijf tot het einde toe een beginneling, als een kind dat ontzettend veel vertrouwen en geduld heeft. Dat is de beste manier. Zo moet onze houding zijn tegenover het leven en de

Inleiding

ervaringen die het leven ons brengt. Dan blijven we leren. Ons lichaam is in alle richtingen gegroeid, maar niet onze geest. Wil de geest groeien en zo groot als het universum worden, dan moeten we weer kind worden.

"Ga dus verder. Ga naar jullie land terug, voel het lijden van de mensen en werk hard. Er is veel te leren. Laten we doen wat we kunnen doen. Moge Gods genade ons allemaal zegenen."

Amma's visie op de rol van vrouwen in de verschillende gebieden van het leven, inclusief politiek en regering, toont haar universele perspectief. Het is een visie die voortkomt uit haar innerlijke realisatie van eenheid en vrede. Volgens Amma staat het geven van macht aan vrouwen niet gelijk aan het afwijzen van mannen en het vereffenen van oude rekeningen met hen. Integendeel, Amma's visie is er een van vergeving, wederzijds begrip en liefde. Alleen activiteit die op zo'n ruimdenkende visie gebaseerd is, kan de mensheid naar spirituele en materiële hoogten voeren.

Swami Amritaswarupananda Puri
Vice-voorzitter Mata Amritanandamayi Math

Het oneindige potentieel van vrouwen

Een toespraak door
Sri Mata Amritanandamayi

Jaipur, Rajasthan, India – 7 maart 2008

In de hele wereld vinden er verhitte discussies plaats of we vrouwen op alle gebieden van de samenleving een gelijke plaats als mannen moeten geven en hun hetzelfde respect en dezelfde eerbied moeten tonen. Dit is een welkom teken van verandering. Vrouwen hebben lange tijd in stilte geleden voordat deze dialoog op gang kwam. Sinds mensenheugenis zijn vrouwen onderworpen geweest aan lichamelijke, emotionele en intellectuele uitbuiting en vervolging. Zelfs in landen waar men zogenaamd progressief denkt en ontwikkeld is, worden vrouwen nog steeds op veel gebieden gediscrimineerd, hoewel de intensiteit wat is afgenomen. Veranderende tijden hebben mannen ertoe gedwongen vrouwen fysieke bescherming te geven, maar zelfs nu nog verlenen mannen aan vrouwen, thuis, op het werk of in de samenleving, met tegenzin toegang tot een omgeving die vrij is van intellectuele en emotionele ongelijkheid en druk. Zolang mannen aan deze houding blijven vasthouden, zal er een schaduw blijven hangen over de relaties tussen mannen en vrouwen en ook over de samenleving als geheel. Zonder wederzijds respect en liefdevolle erkenning zullen de levens van mannen en vrouwen als twee ver van elkaar verwijderde kusten zijn zonder een brug die hen verbindt. Als mannen en vrouwen goed met elkaar overweg willen kunnen, moeten beiden een beter wederzijds begrip, mentale volwassenheid en intellectueel onderscheidingsvermogen ontwikkelen. Als deze ontbreken, zullen wanklanken, onritmische patronen en onrust de samenleving kenmerken. Gelijkwaardigheid moet in onze geest geschapen worden. Op het ogenblik beheersen opvattingen van ongelijkwaardigheid onze geest. Zolang die de overhand hebben, zal de groei en ontwikkeling van de samenleving onvolledig blijven, als een

Een toespraak door Sri Mata Amritanandamayi

---

bloem die half open is. Vrouwen niet toelaten tot financiële en politieke zaken is de helft van het intellect en de kracht van de samenleving weggooien. Mannen moeten zich bewust worden van de vooruitgang die de samenleving en het individu kunnen maken als vrouwen oprecht uitgenodigd worden bij zulke zaken mee te werken. Ongetwijfeld zijn er forums, denktanks en publiciteitscampagnes nodig om een oplossing voor dit probleem tot stand te brengen. Maar denken in zuiver intellectuele termen zal de situatie niet verbeteren. We moeten de grove en subtiele oorzaken aan het licht brengen om tot een oplossing te komen.

Vrouwen zeggen dat hun niet de status, betaling en vrijheid verleend wordt die ze thuis, op het werk of in de maatschappij verdienen. Ze zeggen dat ze niet alleen niet gerespecteerd worden, maar dat ze zelfs met minachting behandeld worden. Mannen horen deze waarheid niet graag. Ze vinden dat vrouwen nu al te veel vrijheid krijgen, arrogant geworden zijn en hun huis en kinderen verwaarlozen. Voordat we bekijken welke aspecten van deze standpunten juist zijn en welke verkeerd zijn, moeten we proberen te begrijpen hoe deze situatie is ontstaan en de oorsprong ervan opsporen. Als we dit voor elkaar krijgen, zal het gemakkelijker zijn misvattingen te veranderen.

In het verleden werd de minachtende opvatting "De man is superieur aan de vrouw. Ze heeft geen vrijheid of een gelijkwaardige positie nodig" verankerd in het denken van de meeste mannen. De mentaliteit van vrouwen is echter heel anders. Zij denken: "Al zo lang spelen de mannen de baas over ons en buiten ze ons uit. We hebben er genoeg van! Vanaf nu gaan we ze een lesje leren. Er is geen andere weg!"

Beide houdingen zitten vol wrok en vijandschap. Vandaag de dag beheersen zulke destructieve gedachten zowel vrouwen als mannen, versterken hun ego's en maken het probleem ingewikkelder. Om mentaal vrij te kunnen zijn moeten we deze competitieve mentaliteit van 'Wie is beter?' opgeven.

Er was eens een bruiloft. Na de huwelijksplechtigheid moesten de bruid en bruidegom het huwelijk bekrachtigen door het huwelijksregister te tekenen. De man zette zijn handtekening eerst. Toen was het de beurt van zijn vrouw. Zodra ze haar handtekening gezet had, schreeuwde de echtgenoot: "Het is afgelopen... het is afgelopen! Ik wil meteen een scheiding!"

De ambtenaar en de andere aanwezigen stonden perplex. De ambtenaar vroeg: "Hé, wat is hier aan de hand? U wilt een scheiding meteen nadat u getrouwd bent? Wat is er gebeurd?"

De bruidegom zei: "Wat er gebeurd is? Doe je ogen open en kijk! Kijk naar mijn handtekening hier! En kijk nu naar die van haar! Zie je hoe enorm groot die is? Zeg me, zet iemand een handtekening over een hele pagina? Ik begrijp wat dat betekent! Ik ben niet gek! In het leven zal zij groot zijn en ik klein. Dit is wat ze bedoelt. Nou, vergeet het maar! Ze gaat me niet kleineren!"

Wanneer mannen en vrouwen nu proberen hand in hand te lopen, gaat dat vanaf het begin met wankele stappen.

Vrouwen beginnen maatschappelijk gevormde regels en voorschriften in twijfel te trekken, wakker te worden en vooruit te gaan, maar door oude opvattingen en tradities staan mannen hun niet toe wakker te worden.

"We hebben de vrouwen echt vrijheid gegeven," zeggen de mannen. Maar wat voor vrijheid?

Een man gaf een vriend een kostbare edelsteen, maar zodra hij die had weggegeven, begon hij te jammeren: "Wat jammer! Ik had hem niet moeten weggeven." Hij bleef treuren en piekeren over wat hij gedaan had. Niet alleen dat, hij begon ook manieren te bedenken om hem terug te krijgen. Zo is het ook met de mentaliteit waarmee mannen aan vrouwen hun vrijheid hebben verleend. Vrijheid is niet iets wat mannen aan vrouwen moeten geven. Het is het geboorterecht van vrouwen. Mannen hebben deze weggekaapt en zich toegeëigend.

In het verleden hadden mannen de vrijheid en de volmacht om alles te doen, omdat zij de enigen waren die werkten. Omdat zij de controle hadden over de financiën en andere zaken, oefenden zij een autoriteit uit die vrouwen gevangen zette. Dan namen ze hun zaken ter hand, terwijl ze de sleutel in de hand hielden. Maar nu is de situatie veranderd. Zelfs als vrouwen gevangen zitten, openen ze de deuren van binnen uit en ontsnappen. De reden is dat de vrouwen van nu onderwijs genoten hebben,

Een toespraak door Sri Mata Amritanandamayi

een baan en de middelen hebben om op eigen benen te staan. Mannen moeten begrijpen dat de tijden veranderen.

Vroeger zaten vrouwen opgesloten in de kooi van maatschappelijk gevormde voorschriften. Ze moesten de dogma's respecteren die generaties lang waren doorgegeven en in gehoorzaamheid leven. "Respecteer mannen", "Stel geen vragen" en "Doe wat je gezegd wordt" waren de regels die vrouwen werden opgelegd. Deze onderdrukking verhinderde hen hun talenten tot uitdrukking te brengen. Een potplant, zoals een bonsai, zal geen bloemen of vruchten dragen. Hij dient alleen ter decoratie. Op dezelfde manier werden vrouwen slechts gezien als objecten om het genoegen en geluk van mannen te dienen. De vrouw was als een *tambura*, die alleen bespeeld wordt om het lied van de man te begeleiden.

Op een keer bezocht een verslaggever een ver land om materiaal voor een artikel te verzamelen. In de stad zag hij een groep mensen door de straten lopen. De mannen liepen voorop terwijl de vrouwen achteraan liepen. Zij droegen hun kinderen in hun armen en hadden zware lasten op hun schouders. Overal waar hij in dat land reisde, zag de verslaggever hetzelfde. Hij dacht: "Dit is verschrikkelijk. Zijn de mannen hier zo ouderwets?"

Na een paar maanden brak er oorlog in dat land uit. Om de situatie na de oorlog te kunnen begrijpen bezocht de verslaggever het land opnieuw. Deze keer zag hij precies het omgekeerde: nu liepen de vrouwen voorop en de mannen achteraan en zij droegen zowel de kinderen als de vracht. De reporter was blij en dacht: "Wat een verbazingwekkende verandering heeft de oorlog teweeggebracht." Hij vroeg een van de vrouwen naar deze verandering. Toen hij dit deed, hoorde hij een explosie. Een van de vrouwen was op een landmijn getrapt en was meteen dood. De vrouw die geïnterviewd werd, zei: "Zie je de *verandering*? Dit is gewoon een nieuwe strategie die de mannen hebben bedacht om zichzelf te beschermen."

Dit is slechts een voorbeeld. Hopelijk doet zo'n situatie zich nooit voor. Iedereen denkt alleen aan zijn eigen veiligheid. Mannen moeten gelukkig zijn, maar laat het niet ten koste van het geluk van vrouwen gaan.

Een toespraak door Sri Mata Amritanandamayi

In sommige landen geloofden de mensen vroeger zelfs dat vrouwen geen ziel hadden. Als in zo'n land een man zijn vrouw doodde, werd hij niet gestraft. Hoe kun je het doden van iemand zonder ziel immers als een misdaad beschouwen?

"Vrouwen zijn zwak. Ze hebben mannen nodig om hen te beschermen." Dit is generaties lang de overheersende gedachte geweest. De samenleving heeft de man de rol van beschermer toegewezen. Maar mannen hebben deze rol gebruikt om vrouwen uit te buiten. De man zou zich noch als beschermer noch als bestraffer van vrouwen moeten opwerpen. Hij moet met vrouwen samenleven en bereid zijn om vrouwen in openheid toe te laten tot de voorhoede van de maatschappij.

Veel mensen vragen: waar komt dit mannelijk ego vandaan? Volgens *Vedanta* (de filosofie van non-dualiteit) kan de uiteindelijke oorzaak *maya* (illusie) zijn, maar op een fundamenteler niveau kan er een andere oorzaak zijn. In vroeger tijden leefden mensen in bossen. Ze woonden in grotten of boomhuizen. Omdat mannen fysiek sterker zijn dan vrouwen, gingen zij op jacht en beschermden het gezin tegen wilde dieren. De vrouwen bleven gewoonlijk thuis, zorgden voor de kinderen en deden het huishoudelijk werk. Omdat het de mannen waren die het voedsel en de huiden om kleren van te maken thuis brachten, kregen ze misschien het idee dat vrouwen voor overleving van hen afhankelijk waren, dat zij de meesters waren en vrouwen hun dienaren. Zo zijn vrouwen mannen misschien ook als hun beschermer gaan zien. Mogelijk hebben hun ego's zich op deze manier ontwikkeld.

Vrouwen zijn niet zwak en mogen nooit zo gezien worden, maar hun natuurlijke compassie en sympathie worden vaak verkeerd geïnterpreteerd als zwakte. Als een vrouw een beroep doet op haar innerlijke kracht, kan ze mannelijker zijn dan een man[1]. De mannelijke samenleving moet vrouwen oprecht helpen hun verborgen kracht te realiseren en te erkennen. Als we ons op die innerlijke kracht afstemmen, kan deze wereld een hemel op aarde worden. Er zal een

---

[1] In India zijn mannelijke deugden onder andere moed, onderscheidingsvermogen en onthechting. Vrouwelijke deugden zijn onder andere liefde, mededogen en geduld.

Een toespraak door Sri Mata Amritanandamayi

einde komen aan oorlog, ruzie en terrorisme. Het spreekt vanzelf dat liefde en mededogen een essentieel onderdeel van het leven op aarde zullen zijn.

Amma heeft het volgende oorlogsincident uit een Afrikaans land gehoord. Talloze mannen kwamen in deze oorlog om. Hoewel vrouwen 70 procent van de bevolking vormden, verloren ze de moed niet door de verliezen. Ze sloegen de handen ineen. Individueel en in groepen zetten ze kleine zaken op. Ze voedden zowel hun eigen kinderen als de wezen op. Weldra hadden de vrouwen aanzienlijke macht en was hun totale situatie radicaal verbeterd. Dit bewijst dat vrouwen, als ze het willen, zich uit een vernietigende situatie kunnen werken en een kracht vormen waarmee rekening gehouden dient te worden.

Door zulke voorvallen concluderen de mensen: "Als een vrouw aan de macht is, kunnen er veel rellen en oorlogen voorkomen worden. Per slot van rekening zal een vrouw alleen na zorgvuldige overweging haar eigen kinderen naar het slagveld sturen. Alleen een moeder kan de pijn begrijpen van een andere moeder die haar kind verloren heeft."

Als vrouwen zich verenigen en samenwerken, kunnen ze veel wenselijke veranderingen in de samenleving tot stand brengen. Maar mannen moeten hen ook aanmoedigen om samen te werken. Vrouwen en mannen moeten de handen ineenslaan om onze samenleving en de toekomstige generaties van een enorme ramp te redden; dit is wat Amma te zeggen heeft. De huidige situatie daarentegen is als twee zwaar beladen voertuigen die uit tegenovergestelde richting op elkaar afstormen en niet bereid zijn uit te wijken om de ander door te laten.

Er zijn verschillen in de zienswijze, benadering en activiteiten van mannen en vrouwen door verschillen in tijd, plaats en cultuur. Niettemin waren er in iedere tijd moedige vrouwen die losbraken uit de kooi waarin ze gestopt waren, en een revolutie ontketenden. Indiase prinsessen als Rani Padmini, Hathi Rani, Mirabai en Jhansi Rani waren zulke symbolen van kracht en zuiverheid.

Dergelijke juwelen van vrouwelijkheid bestonden ook in andere landen. Enkele

Een toespraak door Sri Mata Amritanandamayi

voorbeelden zijn Florence Nightingale, Jeanne d'Arc en Harriet Tubman. Steeds wanneer de gelegenheid zich voordeed, hebben vrouwen mannen op ieder gebied overtroffen. Een vrouw heeft daarvoor het talent en de kracht.

Er is een onoverwinnelijke kracht in de vrouw. Als ze uit de uiterst donkere gevangeniscel van haar geest en emoties kan ontsnappen, kan ze opstijgen in de eindeloze hemel van vrijheid.

Er was eens een jonge adelaar die door toeval te midden van een broedsel kuikens leefde. De moederhen voedde hem op dezelfde manier op als haar eigen kinderen. De jonge adelaar groeide op als kuiken en zocht in de grond naar wormen. Daarom dacht de adelaar dat hij gewoon een kuiken was, en wist hij niets van zijn bekwaamheid om te vliegen en hoog in de lucht op te stijgen. Op een dag merkte een andere adelaar deze jonge adelaar tussen de kuikens op. Toen de 'kuikenadelaar' alleen was, ging de 'luchtadelaar' naar hem toe en nam hem mee naar een meer. De 'luchtadelaar' zei: "Mijn kind, weet je niet wie je bent? Hier, kijk naar mij en kijk nu naar je eigen reflectie in het water. Net als ik ben jij ook een adelaar met de capaciteit hoog in de lucht te vliegen; je bent niet een aan de aarde gebonden kuiken." Geleidelijk besefte de adelaar zijn kracht en spreidde toen weldra zijn vleugels en vloog de lucht in.

De uitgestrekte hemel is het geboorterecht van de adelaar. Zo heeft ook de vrouw het vermogen om op te stijgen in de oneindige hemel van kracht en vrijheid. Maar voordat deze vrijheid realiteit kan worden, moet de vrouw zich voorbereiden door gestage inspanning. De gedachte dat ze machteloos is en opgescheept zit met talloze beperkingen en zwakheden houdt haar tegen. Ze moet eerst van die manier van denken afkomen. Dan zal er van binnen spontaan een verandering plaatsvinden. Ze moet echter de vrijheid van het Zelf niet verwarren met die van het lichaam.

Toch zou Amma willen zeggen dat vrouwen zouden moeten ophouden steeds van alles op mannen aan te merken. Mannen hebben de fysieke en emotionele steun van vrouwen nodig. Het is waar dat mannen over het algemeen geen hoge dunk van vrouwen hebben, maar men kan hun dat niet helemaal kwalijk nemen.

Een toespraak door Sri Mata Amritanandamayi

Eeuwenoude tradities en de situaties waarin ze opgevoed zijn, hebben hun deze zienswijze ingeprent. Als een Amerikaan bijvoorbeeld naar India komt en zijn mes en vork moet opgeven om met zijn handen te eten, kan hij dat misschien niet onmiddellijk. Hetzelfde geldt voor iemands natuurlijke aard; die kun je meestal niet zo snel veranderen. Verwachten dat mannen onmiddellijk veranderen is even onredelijk. Ze worden geleid door een geest die hun onbekend is. Als iemand voor een olifant valt, zal de olifant zijn poot optillen om op hem te trappen. Zelfs een baby-olifant doet dat. Zo sterk is de kracht van de ingewortelde aard. In plaats van mannen de schuld te geven, moeten we geduldig en liefdevol ernaar streven hen geleidelijk te veranderen.

Als we proberen de bloemblaadjes van een bloem met geweld open te breken, terwijl hij nog in knop zit, zullen de schoonheid en geur verloren gaan. We moeten de bloem op een natuurlijke manier laten bloeien. Als we mannen veroordelen of eisen dat ze snel veranderen en druk op hen uitoefenen, zal dat een negatief effect hebben op het gezin en het sociale leven van zowel vrouwen als mannen. Daarom moeten mannen de mentale aard van vrouwen gaan begrijpen en omgekeerd.

"We moeten vooruitgaan", is waar de meeste vrouwen hun focus hebben liggen. Het is waar, vrouwen moeten zich ontwikkelen, maar ze moeten zich ook omkeren om rekening te houden met het kind dat in hun voetstappen volgt en ze mogen hun ouderlijke verantwoordelijkheden niet opgeven. Met haar kinderen moet een moeder op zijn minst een beetje geduld hebben. Het is niet voldoende om een baby ruimte in haar baarmoeder te geven, ze moet het kind ook ruimte in haar hart geven.

De integriteit, schoonheid en geur van de toekomstige maatschappij moeten door moeders tot uitdrukking worden gebracht. De moeder is de eerste leraar. Als zodanig is zij degene die een kind het meest kan beïnvloeden. Alles wat de moeder doet, neemt het kind in zich op. De moedermelk doet meer dan het lichaam van de baby voeden. Het ontwikkelt ook de geest, het intellect en het hart van een kind. Op dezelfde wijze geven de levenswaarden die een moeder op haar kind overbrengt, het kracht en moed in de toekomst. Als vrouwen mannen het leven

Een toespraak door Sri Mata Amritanandamayi

hebben geschonken en hen opgevoed hebben, hoe kunnen ze dan niet gelijkwaardig aan mannen zijn? Alleen als moeders ontwaken en zich inspannen, is een nieuw tijdperk vol liefde, mededogen en welvaart mogelijk.

Lang geleden ontbood een zwangere koningin haar astroloog toen haar weeën begonnen. Hij voorspelde: "De tijd die over een paar uur begint, is de gunstigste tijd om het leven te schenken. Als het kind dan geboren wordt, zult u het leven schenken aan een jongen die de belichaming van alle goede eigenschappen is. Hij zal een zegen zijn voor het land en de mensen." Toen de koningin dit hoorde, liet ze haar benen aan het plafond vastbinden met haar hoofd naar beneden hangend en haar handen de grond rakend. Om te weten wanneer de gunstige tijd aanbrak, zette ze een klok naast zich. Toen de tijd naderde, instrueerde ze haar vriendinnen om haar op de bevalling voor te bereiden. Ze beviel precies op de genoemde gunstige tijd. Door het trauma dat de koningin opzettelijk onderging om de gunstige geboorte te bewerkstelligen, stierf ze. Toen haar zoon later koning werd, werkte hij onvermoeibaar voor het

Het oneindige potentieel van vrouwen

welzijn van de mensen en het land. Hij bouwde ontelbare prachtige tempels. Het land bloeide op en de mensen waren vreedzaam, tevreden en gelukkig.

Tegenwoordig denken de mensen alleen aan wat ze kunnen krijgen. We moeten niet denken in termen van wat we kunnen krijgen, maar eerder in termen van wat we kunnen geven voor het welzijn van de samenleving.

De innerlijke kracht van vrouwen stroomt als een rivier. Als een rivier een berg tegenkomt, zal hij eromheen stromen. Als er een partij rotsen ligt, zal de rivier erdoorheen stromen. Soms zal hij eroverheen of eronderdoor stromen. Zo ook heeft vrouwelijke kracht de capaciteit naar het doel te gaan en iedere hindernis die hij tegenkomt te overwinnen. Mannen moeten bereid zijn de innerlijke kracht van vrouwen op waarde te schatten. Voor de collectieve groei van de samenleving moeten mannen vrouwen met een open houding accepteren en aanmoedigen.

In het verleden waren mannen als wegen met eenrichtingsverkeer en één rijstrook. Nu moeten ze als een autosnelweg worden. Ze moeten het vrouwen niet alleen gemakkelijk

Een toespraak door Sri Mata Amritanandamayi

maken om vooruit te gaan, ze moeten hun ook voorrang verlenen. Mannen mogen dan meer spieren en fysieke kracht hebben dan vrouwen, maar in plaats van hun kracht te gebruiken om vrouwen te onderdrukken, kunnen ze die gebruiken om hen te helpen. Organisaties moeten bijeenkomsten houden met het doel om ook vrouwen leidersposities te geven. Tegelijkertijd mogen we niet vergeten dat gelijkwaardigheid niet een kwestie van macht of positie is. Het is een mentale toestand.

Vrouwen en mannen moeten het hart even belangrijk vinden als het intellect. Ze moeten proberen te werken op een manier die het intellect en het hart met elkaar verzoent, en een voorbeeld voor elkaar zijn. Dan zullen gelijkwaardigheid en harmonie vanzelf ontstaan. Gelijkwaardigheid is niet iets uiterlijk. Een hen kan nooit kraaien als een haan. Maar kan een haan eieren leggen? Zelfs als er uiterlijke verschillen zijn, is het mogelijk eensgezind te worden. Elektriciteit manifesteert zich in een koelkast als kou, in een radiator als hitte en in een lamp als licht. Een televisie heeft niet dezelfde eigenschappen als een lamp en een lamp niet dezelfde als een televisie. En een koelkast kan niet doen wat een radiator doet en omgekeerd. Maar de elektriciteit die door al deze apparaten stroomt is precies hetzelfde. Hoewel er uiterlijke verschillen tussen mannen en vrouwen zijn, is het in hen aanwezige bewustzijn één.

Alles heeft zijn plaats in het universum. Niets is onbeduidend. Er ligt een betekenis en bewustzijn achter iedere uitdrukking van de schepping. Alles heeft zijn eigen essentiële aard. Sommige dingen zijn groot, andere klein. Licht is de aard van de zon, golven de aard van de zee en koelte de aard van de wind. Wat een hert vreedzaam maakt en een leeuw wreed is zijn eigen oorspronkelijke aard. Op dezelfde manier hebben vrouwen en mannen hun eigen unieke natuur die hen van elkaar onderscheidt. Deze mogen nooit vergeten of opgegeven worden.

In hun poging mannen te verslaan, roken en drinken sommige vrouwen nu als mannen en vergeten daardoor het geschenk van het moederschap. Dat is niet alleen gevaarlijk, maar het zal ook niet de gewenste veranderingen tot stand brengen.

Een toespraak door Sri Mata Amritanandamayi

De man is niet beter dan de vrouw, noch is de vrouw beter dan de man. De fundamentele waarheid is dat in de schepping niemand superieur is aan iemand anders. Door suprematie alleen aan God toe te kennen, kunnen vrouwen en mannen instrumenten in dienst van de Almachtige worden. Uit deze benadering kan echte gelijkwaardigheid tussen hen voortkomen.

Wat we nu zien is een botsing tussen verleden en toekomst. De mannelijke gemeenschap die niet genegen is een compromis te sluiten, symboliseert het verleden. Wil de toekomst een prachtige, geurige en volledig open bloem zijn, dan moeten vrouwen en mannen op alle gebieden samenwerken. Zij die vrede en tevredenheid in de wereldgemeenschap wensen, moeten hierop acht slaan, nu meteen, op dit moment. Voor een veelbelovende toekomst moet de geest en het intellect van vrouwen en mannen één worden. We kunnen niet langer wachten. Hoe meer we uitstellen, des te erger zal de stand van zaken in de wereld worden.

Als vrouwen en mannen samenwerken, kunnen ze een gezond bestuur vormen. Maar als deze verandering tot stand wil komen, dan moet er wederzijds begrip en een openhartige dialoog zijn. Slangengif kan de dood veroorzaken, maar het kan ook in een medicijn omgezet worden dat iemands leven kan redden. Als we onze negatieve gedachten dus in bekwaamheden om kunnen zetten, kunnen we de samenleving nog redden. Alleen liefde kan het gif van negatieve gedachten in ambrosia omzetten.

Liefde is een emotie die alle levende wezens hebben. Het is de weg die vrouwen kunnen volgen om mannen te bereiken, mannen om vrouwen te bereiken, beiden om de natuur te bereiken en de natuur om het universum te bereiken. En de liefde die alle grenzen overschrijdt is *vishwa matrutvam*, universeel moederschap.

De grootste bloei die op aarde plaats kan vinden is de bloei van de liefde. Een mooie bloem met kleur en geur bloeit van nature, zelfs aan een kleine plant. Op dezelfde manier ontluikt liefde in het menselijk hart, bloeit dan en breidt zich uit. Zowel vrouwen als mannen moeten dit bloeien van binnen uit toestaan.

Er is niets diepgaander dan de kracht en schoonheid van twee harten die van elkaar houden. Liefde heeft de geest verkoelende frisheid

Een toespraak door Sri Mata Amritanandamayi

van de volle maan en de fonkelende schittering van zonnestralen. Maar liefde betreedt ons hart niet zonder onze toestemming. Vrouwen en mannen moeten allebei bereid zijn deze liefde die in hen wacht uit te nodigen. Alleen liefde kan een blijvende verandering tot stand brengen in onze denkwijze en daardoor in de realiteit van vrouwen en mannen.

Als man en vrouw met begrip voor elkaar leven, zal het toenemende gevoel van vervreemding tussen hen afnemen. Zo zullen de problemen in de samenleving ook in zekere mate verminderen. Tegenwoordig verklaren vrouw en man soms zelfs, gewoon om anderen te misleiden: "Wij leven samen in wederzijdse liefde en vertrouwen." Dit is schijnliefde. Liefde is niet iets om je te verbeelden of voor te wenden, maar om te leven. Het is het leven zelf.

Voorwenden is als het dragen van een masker. Wie het ook opzet, het moet weer afgezet worden. Anders zal de tijd het verwijderen. Afhankelijk van de duur van de rol zullen sommigen het eerder afzetten, terwijl anderen het een beetje later laten verwijderen. Dat is het enige verschil.

Hoe komt het dat de liefde, die de wezenlijke aard en de plicht van de mens vormt, een masker is geworden? Wanneer je je verlaagt door zonder nederigheid of compromissen te handelen wordt liefde schijn. Zal je dorst bijvoorbeeld gelest worden als je alleen maar naar een heldere rivier staat te kijken? Om je dorst te lessen moet je vooroverbuigen om het water te drinken. Wat heeft het voor zin als je in plaats daarvan rechtop blijft staan en de rivier vervloekt? Het is even gemakkelijk ons tegoed te doen aan het kristalheldere water van de liefde, als we ons overgeven.

Tegenwoordig zijn vrouwen en mannen in relaties als geheime agenten geworden. Alles wat ze zien of horen maakt hen achterdochtig. Zulke twijfels beroven hen van een lang en gezond leven en vormen werkelijk een ernstige ziekte. Mensen die deze ziekte hebben, verliezen hun vermogen om invoelend naar elkaars problemen te luisteren.

Hoewel er in veel relaties lijden is, hebben we de liefde niet voor altijd verloren. Als de liefde sterft, zal het universum sterven. De nooit dovende gloed van de liefde is in iedereen. We

Een toespraak door Sri Mata Amritanandamayi

---

kunnen hem eenvoudig aanblazen en tot vlammen laten oplaaien.

We zien dat steeds meer diersoorten uitsterven. Laten we de liefde op dezelfde manier in het menselijk hart uitsterven? Om het uitdoven van de liefde zelf te voorkomen moeten de mensen terugkeren naar het respecteren, aanbidden en vertrouwen op een goddelijke macht. Die macht is niet buiten ons. Maar om die in onszelf te ontdekken moeten we ons perspectief aanpassen. Als we bijvoorbeeld een boek lezen, concentreren we ons alleen op de woorden, niet op het papier waarop de woorden netjes gedrukt zijn. Het papier is de ondergrond waarop de woorden zichtbaar gemaakt zijn.

Het volgende experiment kun je met een paar mensen doen. Bedek een tamelijk grote plank met wit papier. Maak een kleine zwarte stip in het midden van het witte papier. Vraag dan aan de aanwezigen: "Wat zie je?" De meeste mensen antwoorden waarschijnlijk: "Ik zie een zwarte stip." Heel weinig mensen zullen zeggen: "Ik zie een zwarte stip midden op een groot stuk wit papier."

De mensheid is vandaag de dag ook zo. We moeten eerst erkennen dat liefde de kern van het leven is. Als we lezen, moeten we de letters zeker kunnen zien. Maar als we lezen, moeten we ook het papier dat de ondergrond is, herkennen. Tegenwoordig proberen we niet van binnen naar buiten te kijken, maar kijken we van buiten naar binnen. Op deze manier kunnen we niets duidelijk zien.

In het wereldse leven hebben vrouwen en mannen hun eigen behoeften en rechten, wanneer ze om geld, positie, prestige en vrijheid wedijveren. Ze besteden er erg veel tijd en energie aan om dit allemaal te verwerven. Temidden van al deze inspanning moeten we een hoekje van onze geest reserveren om ons van één waarheid goed bewust te zijn: zonder liefde vinden we geen geluk of voldoening in naam, faam, positie of geld. Onze geest, intellect en lichaam moeten vastberaden gericht zijn op zuivere liefde, die het middelpunt van het leven is. Het is van vitaal belang dat we werken vanuit dit centrum van zuivere liefde. Dan zullen de verschillen tussen vrouwen en mannen

Een toespraak door Sri Mata Amritanandamayi

---

zich alleen uiterlijk manifesteren en zullen we beseffen dat we in wezen één zijn.

Jaipur is een ideale plaats voor deze conferentie. De aarde hier is getuige geweest van een nobele cultuur. Prinsessen met buitengewone moed en onwereldse zuiverheid werden hier geboren en leefden hier. Door hun zuivere gedachten en grote opofferingen hielden ze de onschatbare idealen van het leven hoog. Moed en mentale zuiverheid zijn eigenschappen die een vrouw nodig heeft, ongeacht tijd of plaats. Als deze eigenschappen haar levensadem worden, zal de samenleving haar op een voetstuk plaatsen en de positie, naam, faam en aanbidding die ze verdient, zullen haar vanzelf ten deel vallen.

Mentale zuiverheid is de basis van moed en de bron van deze zuiverheid is liefde. Alleen liefde kan vrouwen en mannen bevrijden uit de donkere gevangenis van het verleden en hen naar het licht van de waarheid leiden. Liefde en vrijheid zijn van elkaar afhankelijk. Liefde kan alleen opkomen in een hart dat vrij is van gedachten aan het verleden. Alleen wanneer er liefde is, wordt de geest vrij. Wanneer de

Het oneindige potentieel van vrouwen

geest vrij wordt, bereikt men volledige vrijheid in het leven.

Als we vrijheid, gelijkheid en geluk willen verwerven, moeten we elkaar liefhebben of de natuur liefhebben. Anders moeten we ernaar streven ons innerlijke Zelf te realiseren. De tijd om dit te doen is al lang om. Verder uitstel op dit punt betekent een ernstig gevaar voor de mensheid.

Veel vrouwen komen huilend naar Amma en vragen: "Waarom moest God ons vrouw maken?" Wanneer Amma hun vraagt waarom ze zoiets vragen, zeggen ze: "Mannen kwellen ons lichamelijk en geestelijk. Als ze spreken is het vol minachting. Hierdoor beginnen we van onszelf te walgen." Ze vinden dat het een vloek is om als vrouw geboren te worden en dat als man geboren worden in ieder opzicht beter is. Door de last van hun minderwaardigheidscomplex hebben ze niet de kracht om anderen te trotseren. Misschien zijn het zulke gedachten en ervaringen die vrouwen ertoe brengen om jonge meisjes te vermoorden. De gedachte dat ze nog een vrouw aan zo'n wrede wereld blootstellen, vervult hen met angst.

Een toespraak door Sri Mata Amritanandamayi

Bruidsschatten zijn al lang illegaal, maar dat heeft de bedragen die bij huwelijken uitgewisseld worden, niet verminderd.

Hoe kunnen we een einde maken aan deze gewoonte van bruidsschatten, die het idee bevestigen dat vrouwen tweederangs en onvolwaardig zijn vergeleken met mannen? Hoe kunnen arme gezinnen die moeten worstelen om zich goed te kleden, ooit hopen voldoende geld voor een bruidsschat bij elkaar te brengen? Er zijn vrouwen die hun pasgeboren dochters alleen om deze reden doden.

Eerlijk gezegd steunen de echtscheidingswetten in India vrouwen niet. Als de zaak voorkomt, wordt het een echte oorlog. Ook vandaag nog zorgen enorme vertragingen ervoor dat echtscheidingszaken zich jaren voortslepen. En uiteindelijk krijgt de vrouw zelden meer dan 400 of 500 roepies per maand. Na de scheiding worden vrouwen met kinderen gedwongen hun kinderen zonder hulp te onderhouden. Het schamele bedrag dat ze krijgen is nauwelijks genoeg om ze een week te eten te geven. Als gevolg daarvan zien sommige vrouwen geen andere keus dan prostituee te worden. Amma

Het oneindige potentieel van vrouwen

heeft de tranen van veel vrouwen gedroogd die gedwongen werden een dubbel leven te leiden, waarbij ze afwisselend een aantal weken thuis zijn en een aantal weken in een bordeel werken. Anderen proberen een baan te krijgen als dienstmeisje. Maar in die functies worden ze vaak onbeschrijflijk misbruikt door hun werkgevers, die zich als gieren op hen storten om zich te goed te doen aan hun hulpeloze lichamen. Uiteindelijk komen ook deze vrouwen in de prostitutie terecht. Hun kinderen treden dan in hun voetsporen. Op zeer jonge leeftijd worden ook zij door de bordelen aangenomen. Weldra worden ze zwanger door gedwongen seks. De bordeelhouders houden deze jonge vrouwen in gijzeling met de bedreiging: "Als je vertrekt, zul je je kind nooit terugzien." Zo worden ze gedwongen door te gaan.

In het Westen zijn prostituees zich meer bewust van de mogelijke gevolgen van hun handelingen en nemen de ze noodzakelijke voorzorgsmaatregelen. Maar in India worden deze vrouwen het slachtoffer van talloze geslachtsziekten, wat hun leven tot een ware hel maakt. Deze hele cyclus begint bij het gebrek

Een toespraak door Sri Mata Amritanandamayi

aan respect van mannen voor vrouwen en het minderwaardigheidscomplex dat als gevolg hiervan ontstaat.

Een ander probleem dat we nu zien is dat het aantal verkrachtingen voortdurend toeneemt. Sommigen zeggen dat de uitdagende manier waarop vrouwen zich in de moderne wereld kleden, de oorzaak is. Maar dit is niet helemaal waar omdat in vroeger tijden de vrouwen in India in bepaalde delen van de samenleving geen bloezen droegen. Ze bedekten zich slechts met een enkele doek. Het was zelfs ongebruikelijk dat vrouwen een sjaal droegen. Niettemin hoorde men in die tijd bijna nooit over verkrachting. Waarom? Omdat spirituele waarden een sterke invloed op het dagelijks leven hadden en mensen zich bewust waren van *dharma*. Ze gedroegen zich met respect en zorg voor de mensheid als geheel. Door verkeerslichten en flitspalen worden mensen gedwongen zich aan snelheidsbeperkingen te houden. Ze weten dat ze hun rijbewijs verliezen als ze te vaak betrapt worden op te hard rijden. Zo zou vroeger zelfs iemand die bijna van de honger omkwam, niet stelen dankzij deze diep ingeprente waarden. Ook al werden mannen door vrouwen aangetrokken, zij bewaarden hun zelfbeheersing. Hun bewustzijn van dharma en de daaruit voortkomende angst hield hen in bedwang.

De vooruitgang in de informatietechnologie is van groot nut voor de samenleving. Maar omdat mensen het internet en de televisie zonder onderscheidingsvermogen gebruiken, zetten die ook tot verkrachting en afwijkend gedrag aan. Iedereen heeft zomaar toegang tot onbehoorlijke websites. Ze maken dierlijke neigingen in de mensen wakker. Veel golfstaten hebben strenge maatregelen genomen om de toegang tot zulke sites te blokkeren. India moet het nemen van zulke maatregelen ook overwegen. Sommige mensen zeggen misschien: "Iedereen is vrij!", "Keuzevrijheid is ons geboorterecht!" of "Het is allemaal een onderdeel van de moderne opvoeding!" Maar als we afzien van het introduceren van zulke beperkingen om zulke argumenten te sussen, zullen onze toekomstige generaties geruïneerd worden. Het bloed zal aan onze handen kleven.

In het leven zijn *artha* en *kama*, het verzamelen van geld en het vervullen van verlangens,

Een toespraak door Sri Mata Amritanandamayi

niet genoeg. Op de allereerste plaats moet er bewustzijn van dharma, rechtschapenheid, zijn.

Voordat Amma besluit, wil ze graag een paar suggesties doen, waarvan ze denkt dat ze vrouwen verlichting kunnen geven van het lijden dat ze op het ogenblik in de samenleving ervaren:

1. Vrouwelijke kindermoord is bij de wet strafbaar, maar deze wetten worden niet nageleefd. De regering moet de noodzakelijke stappen ondernemen zodat mensen die zulke wetten overtreden, voor het gerecht komen.

2. Vrouwen met kennis, onderwijs en geld moeten vrouwen helpen die ongeschoold zijn en geen geld hebben. Al deze inspanningen moeten belang hechten aan waarden en cultuur en mogen nooit een middel zijn om het geloof of vertrouwen van burgers in twijfel te trekken.

3. Om gelijkwaardigheid tussen vrouwen en mannen tot stand te brengen is het essentieel dat vrouwen financieel onafhankelijk worden. Hiervoor is onderwijs noodzakelijk. Ouders moeten een gelofte afleggen dat hun dochters zoveel mogelijk onderwijs krijgen en hen zo helpen op eigen benen te staan. Omdat leeftijd

geen belemmering voor onderwijs is, moeten vrouwen samenkomen en met creatieve ideeën naar voren komen om ongeletterde vrouwen onderwijs te geven.

4. Het zou goed zijn als de regering, voor ieder meisje dat geboren wordt, wat geld op haar naam opzij zou leggen. Zo zal het meisje het nodige geld hebben tegen de tijd dat ze de huwbare leeftijd bereikt heeft. Dit kan de vrouwelijke kindermoord verminderen.

5. Het zou goed zijn als er meer instellingen opgezet werden om ongewenste jonge meisjes op te nemen. Eén zo'n organisatie is 'Moeders Wieg'. Kennis over zulke organisaties in de samenleving moet toenemen.

6. Op elk moment van de nacht moeten vrouwen zonder vrees alleen op straat kunnen lopen. Mannen moeten oprecht moeite doen om ervoor te zorgen dat dit een realiteit wordt.

7. In het Sanskriet is het woord voor bruidsschat *stri dhanam*. Stri betekent vrouw, dhanam betekent rijkdom. Mannen die beginnen te blinken van hebzucht als ze aan een bruidsschat denken, moeten beseffen wat stri dhanam is:

Een toespraak door Sri Mata Amritanandamayi

---

vrouwen *zijn* de rijkdom die je in het huwelijk krijgt.

8. Even belangrijk als goed onderwijs voor meisjes zijn bewustwordingscampagnes voor jongens. Als ze nog jong zijn, moeten ze tot het diepe inzicht komen dat een vrouw geen handelswaar is, noch een bal die mannen in het rond kunnen trappen. Ze is Moeder, die respect en aanbidding verdient.

9. In India stijgt het aantal echtscheidingen. Wanneer een echtpaar in het Westen scheidt, moet de man gewoonlijk alimentatie betalen totdat de vrouw opnieuw trouwt. Maar in India wordt zo'n voorziening niet afgedwongen. Dit moet rechtgezet worden.

10. Vrouwen moeten ook proberen mannen over te halen tot pogingen om gelijkwaardigheid tussen vrouwen en mannen tot stand te brengen.

11. De mannelijke samenleving is er tot op zekere hoogte in geslaagd de misvatting te verspreiden dat vrouwen geen kracht of moed hebben. Het is hoog tijd om te bewijzen dat deze overtuiging niet klopt, maar laten we dit niet doen door iemand uit te dagen of door met mannen te wedijveren. Door de zuivere essentie

Het oneindige potentieel van vrouwen

van het moederschap, die in alle vrouwen aanwezig is en zelfs niet bang is voor de dood, en door een onwankelbaar zelfvertrouwen dat haar voorbereidt om het leven te schenken aan een nieuw wezen, toont de vrouw de wereld voortdurend dat ze kracht en de belichaming van moed is.

Als je tegen iemand die gepromoveerd is, zegt: "Je bent niet gepromoveerd!", maakt dat dan zijn of haar doctorstitel op enige manier ongeldig? Nee. Op dezelfde manier heeft de vrouw reeds alles wat ze nodig heeft om in de samenleving te stralen. Ze is volmaakt. Ze is in alle opzichten volledig. Als mannen proberen vrouwen te kleineren, hoeven vrouwen niet in te storten. Ze moeten nooit geloven dat ze minder zijn dan mannen. Het zijn vrouwen die het leven aan iedere man op aarde geschonken hebben. Wees trots op deze unieke zegen en ga verder met vertrouwen in je innerlijke kracht. Je moet jezelf nooit als een zwak lammetje beschouwen, maar altijd als een leeuwin.

De uiterlijke oren en ogen van de mensen die verzadigd zijn van zelfzucht en egoïsme, zijn

Een toespraak door Sri Mata Amritanandamayi

altijd open. Maar de innerlijke ogen, die nodig zijn om het verdriet van anderen te zien, en de innerlijke oren, die nodig zijn om de verhalen van mensen die lijden met compassie te horen, blijven gesloten. Het is Amma's oprechte wens dat deze hartverscheurende situatie snel verandert. Dat we allemaal mogen luisteren naar, zorgen voor en reageren op de problemen van anderen. Dat iedereen voor het geluk en de vrede van anderen mag bidden. Amma biedt deze gebeden aan aan de Paramatma, het Hoogste Zelf.

||Om Lokah Samastah Sukhino Bhavantu||

www.ingramcontent.com/pod-product-compliance
Lightning Source LLC
Chambersburg PA
CBHW070635050426
42450CB00011B/3206